DLT
5/12

AF477600

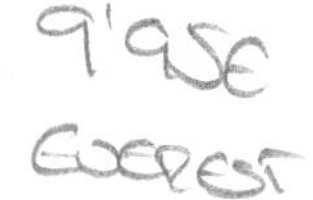

RELATOS DE INDIOS

Historias sorprendentes
de los nativos de Norteamérica

RELATOS DE INDIOS

Historias sorprendentes
de los nativos de Norteamérica

Käthe Recheis
Ilustrado por Michael Ruppel

ÍNDICE

Flecha y los perros espíritu

Antiguamente no había caballos en el país de los indios. Cuando las familias recorrían las vastas praderas en busca de búfalos, debían hacerlo a pie. Sus tiendas eran pequeñas y no poseían muchas cosas porque, como animales de carga, solamente tenían perros y éstos no podían llevar fardos muy pesados. La vida era dura, especialmente para las personas mayores.

En aquel entonces vivía en uno de los campamentos indios un muchacho huérfano que era sordo. Nunca había escuchado el murmullo del viento entre la hierba ni el chapoteo del agua en los arroyos y no sabía que los pájaros cantaban. El mundo era mudo para él. Como no podía oír nada, tampoco había aprendido a hablar. Y como no podía entender lo que los demás querían de él, todos le tenían por un simple. Ninguna familia lo acogía en su tienda.

—¡Este chico es muy estúpido! —decían—. No vale para nada.

Nadie era amable con él, incluso los niños le evitaban. Cuando nació, sus padres le llamaron Flecha, pero no había nadie que lo llamara

por ese nombre. La mayoría se había olvidado de cómo se llamaba.

Cuando al atardecer salía de las tiendas un agradable olor a sopa, el muchacho no se atrevía a acercarse a ninguno de los fuegos. Sabía que lo único que conseguiría era que lo echaran. A veces alguien le tiraba algún mendrugo, pero la verdad es que con eso no se llenaba. Por las noches abandonaba sigilosamente el campamento y dormía en la hierba, bajo algún arbusto.

Un día la tribu decidió abandonar el campamento y trasladarse a un nuevo territorio de caza. Por la mañana, antes de la salida del sol, las mujeres y los niños recogieron las tiendas. Se apagaron los fuegos y se cargaron los perros. Todos estaban muy contentos, los niños corrían de un lado a otro riendo, impacientes por adentrarse en la pradera hacia otro asentamiento aún desconocido para ellos. Nadie pensó que el niño sordo no sabía nada de la partida y nadie lo echó de menos.

Flecha dormía profunda y plácidamente alejado de las tiendas, en un lecho de hierba y hojas secas. Cuando se despertó y se acercó al campamento, ya no había nadie. Las

cenizas de las hogueras estaban frías y únicamente los círculos de hierba aplastada indicaban dónde habían estado las tiendas.

"¡Se han ido!", pensó Flecha. "No me han llevado con ellos. No me quieren". Y, sentándose en medio del campamento abandonado, se echó a llorar.

El sol siguió su camino por el cielo, alcanzó el punto más alto, continuó adelante y comenzó a declinar. Flecha tenía tanta hambre que olvidó por un momento su preocupación y se dedicó a buscar restos de comida. Encontró un par de bocados de carne y se los comió. Después se acurrucó en la hierba y se durmió llorando. Al día siguiente volvió a buscar algo comestible, pero ya solamente quedaban algunos huesos roídos por los perros. Flecha sabía que moriría de hambre si se quedaba allí. A su alrededor, la pradera se extendía interminable hasta el lejano horizonte; el cielo sobre ella estaba alto y era inmenso. Los pájaros habían comenzado a entonar sus cantos matutinos y pequeñas criaturas correteaban por la hierba, pero Flecha no oía ninguno de esos sonidos. Estaba solo en un mundo mudo. Nunca hasta ahora se había sentido tan solo. Las personas del campamento no habían sido amables con él y, sin embargo, comenzaba a echarlas de menos. Entre la alta hierba podía ver claramente la huella que habían dejado tras de sí. Solamente tenía que seguirla y pronto estaría con ellos.

Flecha comenzó a correr y corrió y corrió. Hacia el mediodía se formaron algunas nubes en el horizonte y cubrieron el sol. Una fuerte tormenta barrió la región. La lluvia azotaba la hierba y luminosos rayos cruzaban el cielo oscurecido. Flecha intentaba encontrar refugio entre unos arbustos cuando un rayo cayó muy cerca de él. Al mismo tiempo se oyó un trueno ensordecedor. El niño sintió como si algo se rompiera en el interior de su cabeza, perdió el sentido y cayó al suelo.

Cuando Flecha volvió en sí, la tormenta había pasado. Las últimas nubes se deshacían en el cielo azul. El aire era fresco y limpio, el sol secaba la hierba húmeda. Flecha se incorporó maravillado. Por primera vez en su vida oía sonidos. Oyó el canto de los pájaros, pues de todos los arbustos y árboles salían gorjeos, trinos y cánticos. Oyó el suave murmullo de la hierba acariciada por una leve brisa y el chapoteo del agua en el arroyo. Flecha oyó el zumbido de los insectos y el ligero correteo de un ratón entre la hierba.

El niño que ya no era sordo escuchaba asombrado y no se cansaba de oír todos aquellos sonidos nuevos. Se puso en pie de un salto y extendió los brazos riendo. ¡El mundo ya no era mudo!

Habían desaparecido todos sus miedos, ahora estaba lleno de confianza en sí mismo.

"Encontraré a mi gente", pensó. "No tengo por qué morir solo aquí en la pradera. En alguna parte habrán levantado el campamento. Sólo tengo que continuar andando y pronto estaré con ellos".

Entretanto, la tribu había elegido un asentamiento nuevo a orillas de un pequeño río. Las mujeres y los niños habían levantado las tiendas y los hombres habían salido de caza. Repartidos por la pradera pastaban los búfalos y en el cielo se oía el grito de los halcones.

Horas y horas caminó Flecha, siguiendo siempre la huella que había dejado la tribu. Finalmente vio las tiendas a orillas del río y vio a los hombres cazando. Uno de los jefes, un hombre mayor que se llamaba Nube del Atardecer, había abatido una búfala joven y se disponía a despellejarla y trocearla. A pesar de lo hambriento que estaba, Flecha no se atrevía a acercarse para pedir un bocado de la carne. Se sentó en la hierba a cierta distancia y observó inmóvil al viejo y al animal muerto.

Nube del Atardecer levantó la vista, vio al muchacho y sintió lástima por él.

"No sirve para nada", pensó al anciano, "y sin embargo no ha estado bien por nuestra parte dejarlo atrás. ¡No, no ha estado bien!".

—¡Chico! —llamó Nube del Atardecer—. ¡Acércate y come!

Por primera vez en su vida Flecha oía hablar a una persona. A pesar de que no comprendía las palabras, sintió que su intención era buena. Se levantó y se acercó indeciso.

Nube del Atardecer le dio el hígado y un trozo de carne. Flecha comió y comió. Nunca en su vida le habían dado tanto para comer. Comenzaron a brillarle los ojos y miró al anciano agradecido y feliz.

"Este chico no es un necio", pensó el jefe. "¡Cómo me mira! ¡Qué vivos e inteligentes son sus ojos! Sus padres lo llamaron Flecha. Lo adoptaré, y los demás pueden decir lo que quieran".

—Flecha —dijo Nube del Atardecer—, en mi tienda hay sitio suficiente para ti. A partir de ahora serás mi nieto.

Flecha tampoco comprendió las palabras esta vez, pero supo que había ocurrido algo que cambiaría su vida para siempre. Como en un sueño, siguió al anciano hasta el interior de su tienda.

—Éste es mi nieto —le dijo Nube del Atardecer a su mujer—. Ahora es también tu nieto.

—¡Este necio que no sirve para nada! —exclamó la mujer del jefe—. Sólo será una carga para nosotros. Los dos somos mayores, ¿cómo has podido hacer una cosa así? Todo el campamento se reirá de nosotros.

—Deja que se rían —respondió Nube del Atardecer—. Sé lo que hago y algún día tú también lo sabrás. Cose un par de mocasines para tu nieto. Los suyos están rotos y llenos de agujeros.

La mujer contempló al muchacho y vio lo pobremente que estaba vestido. Entonces también sintió compasión, cosió unos mocasines y los decoró con púas coloreadas de puerco espín. Después, ya que estaba metida en faena, le cosió una camisa de piel de ciervo.

Para Flecha comenzaba una nueva vida. Escuchaba con mucha atención, aprendió a hablar en poco tiempo y puso gran empeño en ser tan capaz como los demás chicos. Nube del Atardecer era un profesor paciente y, muy pronto, Flecha estuvo a la altura de todos sus compañeros. Nadie tenía tanta resistencia para correr como él, nadie leía las huellas tan bien ni rastreaba tan bien un animal, nadie era tan certero como él con el arco y las flechas. A pesar de todo, Flecha no encontraba amigos. Las personas del campamento no olvidaban que había sido un excluido, se avergonzaban de él y continuaban evitándolo.

Una vez, mientras la tribu se encaminaba hacia un nuevo asentamiento, Flecha se dio cuenta de lo difícil que les resultaba a Nube del Atardecer y a su mujer aguantar la larga marcha. Flecha quería mucho a sus abuelos, cazaba para ellos, les evitaba los trabajos siempre que podía. Pero, ¿qué pasaría cuando llegara el día en que fueran demasiado viejos para caminar? Flecha no quería ni pensar en ello.

—Abuelo —dijo Flecha por la noche, mientras estaban sentados alrededor del fuego—, para ti y para la abuela resulta muy cansada la marcha a través de la pradera. Quiero ayudaros. Tú eres sabio, abuelo, dime lo que puedo hacer.

El jefe Nube del Atardecer no dio ninguna respuesta, echó algo de leña al fuego y contempló las llamas.

—Nieto —dijo la abuela—, algún día seremos tan mayores que no podremos continuar. Cuando llegue el momento no te pongas triste. Siempre ha sido así y así seguirá siendo.

—¿Por qué tiene que ser así? —exclamó Flecha—. ¿No hay ninguna forma de ayuda?

La leña crepitó en el fuego.

—Sí, podría haber ayuda —murmuró el anciano—. ¡Los Perros Espíritu! Una vez, hace mucho tiempo, oí hablar de ellos. Al parecer son grandes y fuertes como ciervos, pero se dice que acarrean pacientemente cargas, como nuestros perros. A quien se sienta sobre su lomo lo llevan a donde desee. Pero nadie ha conseguido aún encontrarlos.

—Quizás yo lo consiga —dijo Flecha.

—¡No! —exclamó la anciana—. ¡No te vayas! Algunos jóvenes se fueron y no volvieron jamás. No quiero perderte.

—Vosotros me acogisteis cuando nadie me quería —dijo Flecha a sus abuelos—. Ha llegado el momento de que yo haga algo por vosotros. Os traeré los Perros Espíritu aunque

tenga que buscarlos por toda la tierra de las Grandes Llanuras.

—No los encontrarás en la Pradera —dijo el jefe Nube del Atardecer—. En algún lugar del sur, donde se encuentra el sol a mediodía, existe un país en el que siempre es verano. Allí, así cuentan, hay un gran lago y, abajo, en el fondo del lago, se encuentran los Perros Espíritu. Nieto, yo también quisiera que te quedaras. Pero tu abuela y yo no debemos pensar solamente en nosotros. ¡Qué felices serían todos si trajeras los Perros Espíritu a la Pradera! ¿Realmente deseas marcharte a buscarlos?

—Sí —dijo Flecha—, es lo que deseo.

A la mañana siguiente Flecha se puso en camino. El jefe Nube del Atardecer le dio su escudo y su arco y lo acompañó durante un trecho. Después de despedirse el uno del otro, Flecha continuó su camino solo. Caminó a través de los anchos prados con el alto y extenso cielo sobre su cabeza. Vio búfalos pastando y antílopes que huían de él. Por las noches escuchó a los lobos aullar su antiquísima canción. No se encontró con ningún ser humano.

El cuarto día llegó a un estanque. En la orilla había un ser muy extraño. Era semejante a un hombre pero no era un hombre.

—¿Por qué vienes a mi estanque? —preguntó la extraña criatura.

—Busco los Perros Espíritu —respondió Flecha—. ¿Puedes decirme dónde están?

—No puedo —dijo la criatura—. Pero si caminas cuatro veces cuatro días hacia el sur, llegarás a un pequeño lago. Allí vive mi tío. Quizás él te ayude, quizás no. ¡Quién sabe!

Antes de que Flecha pudiera darle las gracias, la criatura había regresado al estanque, que era su hogar.

Flecha continuó su camino durante cuatro veces cuatro días. Atravesó profundos cañones, vio turbulentas cascadas y subió escarpadas montañas. A veces conseguía algo de caza, otras veces no. A menudo pasaba hambre, pero todo lo llevaba pacientemente y apenas se concedía un descanso.

Después de cuatro veces cuatro días llegó a un pequeño lago rodeado de hermosas colinas y espesos bosques. A orillas del lago Flecha vio una criatura como nunca antes en su vida. Era dos veces más grande que un hombre, tenía escamas como un pez, pies de rana y el pelo enmarañado y de color verde alga. La criatura llevaba en las manos una gigantesca lanza.

—Hombrecillo, ¿te doy miedo? —gruñó la criatura apuntando a Flecha con la lanza.

—¿Por qué tendría que tener miedo? —preguntó Flecha, y no pudo evitar reírse ya que, en conjunto, la criatura resultaba de lo más extravagante.

La criatura bajó la lanza.

—Me gustan los hombrecillos que no me tienen miedo —dijo—. Tienes suerte porque, si no, ya te habría ensartado. ¿Qué buscas por aquí?

—Busco los Perros Espíritu —respondió Flecha—. ¿Puedes decirme dónde están?

—No puedo —gruñó la criatura—. Quizá pueda ayudarte mi abuelo. O quizá no. Si caminas cuatro veces cuatro días y otra vez cuatro días hacia el sur, lo encontrarás. O no lo encontrarás. ¡Quién sabe!

La criatura saltó al lago y desapareció bajo el agua.

Flecha continuó caminando, siguiendo siempre el sol de mediodía. Dejó atrás los montes, las colinas y los bosques y entró en un país en el que el sol calentaba con fuerza desde lo alto del cielo. No había fuentes o arroyos en ninguna parte. Ningún árbol daba sombra, sólo aquí y allá se veían algunos arbustos raquíticos. Flecha buscó en vano algo que cazar. El hambre y la sed comenzaban a atormentarlo, apenas podía continuar caminando. Cuando ya creía que moriría en aquel desierto dejado de la mano del hombre, divisó en la lejanía un gran lago. Hizo acopio de valor y se encaminó hacia él.

Allí crecían árboles y había flores en la abundante hierba. Flecha se arrodilló en la orilla y bebió. El

agua fría le refrescó y el cansancio desapareció.

"Éste debe de ser el lago del que habló el abuelo" pensó. "Abajo, en el fondo, están los Perros Espíritu. ¿Pero cómo llegaré hasta ellos?".

Recorrió la orilla pero no encontró ningún espíritu del agua ni otra criatura. El sol se ponía, comenzaba a anochecer. Flecha se tendió sobre la mullida hierba. "Mañana continuaré buscando", pensó, y casi inmediatamente se quedó dormido.

Cuando se despertó al amanecer vio ante él un muchacho pequeño. Su ropa, de piel de ciervo bien curtida, estaba totalmente cubierta de bordados hechos con púas coloreadas de puerco espín. Resultaba tan alegre y llena de color como el plumaje de un pájaro.

El pequeño muchacho sonreía.

—Me llamo Pájaro Pescador —dijo—. Y tú, ¿quién eres?

—Me llaman Flecha.

—¿De dónde vienes y qué buscas aquí?

—Vengo de la Gran Llanura —respondió Flecha—, y busco los Perros Espíritu. ¿No es éste el lago en cuyo fondo se encuentran? ¿Puedes llevarme hasta ellos?

—Quizás —dijo el muchacho—. Pero primero quiero saber por qué buscas a los Perros Espíritu.

—Mis abuelos se han hecho mayores —dijo Flecha— y les resulta muy cansado caminar por la pradera. Quiero ayudarlos. Se dice que los Perros Espíritu son grandes y fuertes.

A quien se sienta sobre su lomo lo llevan a donde quiera.

—¡Bien puede ser! Pero lo que no sé es si mi abuelo te los dará. ¡Ven conmigo! Te llevaré ante él.

El muchacho del traje de colores se convirtió en un martín pescador y se zambulló en el agua como un rayo.

"Si lo sigo, me ahogaré", pensó Flecha, "pero si no lo hago, no encontraré nunca a los Perros Espíritu".

Cogió el arco y el escudo y saltó al lago. Se hundió y bajó y bajó hasta llegar al fondo. Al llegar respiró profundamente y pensó que estaba soñando. Sobre su cabeza veía el techo de agua azul y brillante. En el fondo del lago crecía la hierba e incluso había flores.

No lejos de donde se encontraba había una tienda india con muchos dibujos, mucho más grande y más bonita que las pequeñas tiendas de la Llanura. En la punta de uno de los palos de la tienda se había posado Pájaro Pescador. Se acercó a Flecha volando y de nuevo se transformó en un muchacho.

—Mi abuelo te está esperando —le dijo, y tomando a Flecha de la mano lo condujo hacia la tienda.

Flecha miró asombrado a su alrededor. De las paredes colgaban armas artísticamente decoradas y escudos adornados con plumas. El suelo estaba cubierto de pieles. Frente a la entrada se encontraba sentado un hombre, un anciano venerable, de larga cabellera blanca. Su manto de piel de búfalo estaba pintado de colores, como la tienda.

—Sé bienvenido, joven hombre —dijo el anciano—. Muchos han sido los que han buscado mi lago pero ninguno se atrevió a saltar al agua como tú para seguir a mi nieto. ¡Siéntate a mi lado y come! Estarás hambriento después del largo viaje.

La mujer del anciano y Pájaro Pescador trajeron carne de búfalo y muchas otras viandas. Medio muerto de hambre como estaba, Flecha se puso a comer con ganas. Una vez que hubo terminado el último bocado, el anciano cargó una pipa y se dispuso a fumar. Durante un rato estuvo en silencio y después dijo:

—Ya sé por qué has venido. Ya veremos lo que ocurre. Ahora vete con mi nieto.

Pájaro Pescador tomó a Flecha de nuevo de la mano y lo llevó por el fondo del lago. En algunos lugares el suelo estaba cubierto de fina arena y se veían conchas de extrañas formas. Después de que ambos muchachos anduvieran un buen rato, llegaron a un prado en el que descansaban unos animales que Flecha nunca antes había visto. Eran grandes como ciervos, pero muy diferentes a éstos. Su liso pelaje brillaba. Algunos eran negros, otros blancos y otros marrones o con manchas. ¡Con qué orgullo levantaban la cabeza! ¡Y cómo galopaban con sus melenas y colas al viento!

"¡Éstos deben de ser!", pensó Flecha. "¡Éstos son los Perros Espíritu! Por fin los he encontrado...".

—¡Mira! —exclamó Pájaro Pescador—. Te voy a enseñar cómo se hace...

Tan ligero como si fuera una pluma, se alzó sobre el lomo de uno de los animales presionando las piernas contra los flancos. El Perro Espíritu comenzó a correr, corría cada vez más rápido. Flecha no podía dar crédito a lo que veía. Ese animal tan grande y tan fuerte llevaba al pequeño muchacho adonde éste quería, por el prado, a lo largo del amplio fondo del lago, unas veces hacia allí, otras hacia allá.

Pájaro Pescador volvió galopando sobre el Perro Espíritu, bajó de un salto riendo y dijo:

—¡Ahora te toca a ti!

Flecha se acercó tímidamente. El perro espíritu lo rozó con su suave morro y resopló bajito.

Entonces Flecha se armó de valor y se subió sobre el lomo del animal. Apenas se hubo sentado, el Perro Espíritu salió al galope. El muchacho se sintió como si volara como un pájaro por el fondo del lago, perdió todo el miedo y gritó de alegría.

—¿Lo ves? ¡Es muy fácil! —dijo Pájaro Pescador cuando Flecha volvió junto a él.

—Pájaro Pescador —dijo Flecha—, ¡qué felices serían mis abuelos si pudiera llevarles los Perros Espíritu!

—Lo sé —dijo Pájaro Pescador—. Quiero ayudarte a cumplir el deseo de tus abuelos porque yo también

quiero a mi abuelo y haría cualquier cosa por él.

Los Perros Espíritu jugaban relajadamente en el prado. Se perseguían unos a otros, se tiraban de las crines entre sí, echaban la cabeza hacia atrás y relinchaban sonoramente.

—Flecha, ¿te has dado cuenta de que el manto de piel de búfalo que lleva mi abuelo llega hasta el suelo?

—Sí, lo he visto.

—¿Y sabes por qué eso es así?

—No —dijo Flecha.

—¡Para que nadie le vea las piernas! Está obligado a conceder un deseo a aquél que consiga vérselas... ¿Comprendes lo que quiero decir?

—Comprendo —dijo Flecha.

Pero por mucho que se esforzó no consiguió ver las piernas del anciano. Siempre estaban cubiertas por el manto de piel de búfalo. Pasaron los días. Pájaro Pescador enseñó a Flecha todo el arte de montar y montaron juntos durante horas por el fondo del lago. Uno de los Perros Espíritu, una yegua manchada, le había tomado mucho cariño. Cuando Flecha aparecía, ella corría a su encuentro, lo saludaba efusivamente con un relincho y frotaba la cabeza contra su hombro. "Si tan sólo pudiera ver lo que hay bajo el manto de piel de búfalo!...", pensaba Flecha una y otra vez.

Una mañana, cuando ya casi había perdido la esperanza, sucedió por fin. Cuando el anciano salió de la tienda, el manto se enganchó en la trabilla de la entrada descubriendo una de sus piernas. Flecha soltó un grito ahogado. Lo que vio no era un pie humano ni tampoco la pierna de una persona. Eran una pezuña negra y la delgada y fibrosa pierna de un Perro Espíritu.

El anciano se dio cuenta de lo que había ocurrido, se cubrió de nuevo con el manto y dijo:

—Ahora has visto lo que no deberías ver. Ha tenido que ser así. ¿Cuál es tu deseo? Te lo concederé.

—Sólo tengo un deseo —respondió Flecha—. Quisiera llevar los Perros Espíritu a la Llanura.

—Que así sea —dijo el anciano—. Por supuesto que no puedo dártelos todos, pero puedes llevarte la mitad de la manada. Será el chico al que ellos rechazaron quien llevará los Perros Espíritu a los hombres de la Pradera. Como ves, lo sé todo. Pero aún no has cumplido totalmente con tu deber. Durante el camino hacia el norte, cuatro veces cuatro días y otra vez cuatro días, no deberás mirar nunca atrás. Si te das la vuelta tan sólo una vez, los Perros Espíritu desaparecerán para siempre. Tan pronto como llegues al lago que está entre colinas y bosques, uno de los Perros Espíritu se te aparecerá y podrás montarlo. Pero tampoco mires atrás entonces. Sólo podrás hacerlo cuando llegues a las Grandes Llanuras.

La mujer del anciano le trajo una bolsa de cuero llena de carne seca que le serviría de alimento para muchos días. Flecha le dio las gracias y también dio las gracias al anciano, tomó el escudo y el arco y siguió a Pájaro Pescador hasta la orilla del lago.

Todo estaba tan tranquilo y solitario como aquel día en el que tras su largo viaje Flecha llegó a aquel lugar. El viento acariciaba la hierba y llenaba de susurros el follaje de árboles y arbustos. Flecha miró a su alrededor pero no vio a ninguno de los Perros Espíritu.

—¿Dónde están? —preguntó a su pequeño amigo.

El niño del traje de colores no respondió, solamente sonrió, se transformó en un martín pescador y se hundió de nuevo en el lago.

“Los Perros Espíritu no están aquí”, pensó Flecha, “pero el anciano me ha dicho que seré yo quien lleve los Perros Espíritu a la Pradera. Y me ha encargado que camine hacia el norte cuatro veces cuatro días y de nuevo cuatro días sin mirar nunca hacia atrás. ¡Y eso es lo que voy a hacer!”.

Flecha caminó por el tórrido país quemado por el sol. En ocasiones le parecía escuchar un rumor de pezuñas al galope, pero cuando escuchaba con más atención, sólo era el viento o el correteo de algún animalito. Cuanto más se alejaba, más difícil se le hacía no volver la vista atrás. Comenzaron a atormentarlo las dudas. De pronto no podía creer ni tan siquiera que hubiera estado en el fondo del lago, que Pájaro Pescador le hubiera enseñado a montar sobre el lomo de los Perros Espíritu y que el anciano le hubiera regalado la mitad de la manada. Seguramente todo había sido un sueño. ¿O no? ¡Si tan siquiera pudiera mirar una vez, una sola vez hacia atrás y asegurarse de que los Perros Espíritu lo seguían!

Pero Flecha no miró atrás. Continuó caminando, siempre hacia el norte. Finalmente llegó al pequeño lago entre colinas y bosques. Esta vez no lo esperaba en la orilla ningún ser extraordinario con una lanza. Quizá aquello también había sido sólo un sueño. Era ya tarde y anochecía. Flecha se tumbó, cansado y abatido, y se durmió.

Por la mañana se despertó porque sintió un leve movimiento. Abrió los ojos. Ante él se encontraba la yegua manchada. Tenía la cabeza inclinada hacia él, resoplaba feliz y lo empujaba con el hocico.

—¡No ha sido un sueño! —exclamó Flecha poniéndose en pie de un salto—. Seré yo quien lleve los Perros Espíritu a la pradera.

Rodeó el cuello de la yegua con sus brazos y apoyó la cara contra sus crines. Después montó sobre ella y se puso en marcha. A su espalda oía rumor de cascos y alegres relinchos. Pero esta vez no le resultó difícil no mirar atrás. Sabía que los Perros Espíritu lo seguían.

Flecha cabalgó hacia el norte y cruzó profundos cañones, pasó junto a atronadoras cascadas y subió escarpados montes. Qué cansado había sido el camino cuando tuvo que hacerlo a pie y qué ligero y relajado le parecía ahora a lomos de su yegua.

Llegó al estanque en el que se había encontrado con la primera de las extrañas criaturas. Permaneció allí un rato pero la criatura no se presentó, así que continuó su camino.

Y entonces, por fin, llegó a la Gran Llanura, al país de los extensos pastos. Había búfalos pastando y también antílopes. Los lobos se escondían sigilosos entre la hierba.

Entonces Flecha se volvió y miró hacia atrás. A sus espaldas vio una gran manada de caballos, negros y blancos, marrones y manchados. Se

acercaron al galope relinchando con fuerza, con las melenas y las colas al viento. Flecha gritó de alegría, espoleó a la yegua y se puso al galope. El animal entró rápido como el viento en la Llanura, por delante de los demás.

Flecha condujo la manada al campamento de su tribu. Cuando los hombres, las mujeres y los niños vieron los Perros Espíritu, se asustaron. No reconocieron a Flecha y creían estar viendo a un monstruo, que era mitad hombre mitad bestia. Llenos de temor se escondieron en sus tiendas sin atreverse a salir de nuevo. Únicamente el jefe Nube del Atardecer y su esposa permanecieron ante su tienda esperando a Flecha.

—Abuelo —dijo Flecha—, he encontrado los Perros Espíritu. Nunca más tendréis que hacer el camino a pie, ni la abuela ni tú. Los Perros Espíritu os llevarán sobre su lomo.

—Y eres tú quien nos los ha traído —dijo el jefe Nube del Atardecer. Después exclamó con voz potente—: ¡Salid de las tiendas! ¿De qué

tenéis miedo? Mi nieto ha regresado del País del Sol de Mediodía y ha traído los Perros Espíritu a la Llanura. Lo ha hecho por todos nosotros. ¡Salid y alegraos con él!

Entonces todos salieron de las tiendas, hombres, mujeres y niños. Al principio estaban todavía un poco temerosos, pero pronto se sintieron más confiados, perdieron la timidez y se acercaron extasiados a los hermosos animales.

Y así sucedió que el muchacho que había sido sordo y del que todos opinaban que no servía para nada había llevado los Perros Espíritu a la Gran Llanura y enseñó a las personas a montar en ellos.

Flecha se convirtió en un respetado jefe. Tras muchos años, cabalgó con uno de sus hijos hacia el sur, al País del Sol del Mediodía. En el camino no se encontró con ninguna de las criaturas extrañas, ni en el estanque ni en el pequeño lago entre colinas y bosques. Encontraron el gran lago y, como entonces, tanto tiempo atrás, estaba silencioso y solitario. Crecían flores en la hierba y el viento susurraba entre las hojas de los árboles, pero no se veía a ningún ser vivo.

—¡He venido a daros las gracias! —gritó Flecha, el jefe.

Por un instante creyó ver entre los arbustos de la orilla al pequeño muchacho con su hermosa indumentaria. Le pareció que, en el fondo del lago, podía ver la gran tienda y al venerable anciano envuelto en su manto de piel de búfalo.

Pero el jefe Flecha debía haberse equivocado ya que en las transparentes aguas del lago únicamente nadaban brillantes peces plateados.

Nunca más nadie volvió a encontrar el camino hacia el fondo del lago. En la Llanura, sin embargo, los Perros Espíritu se multiplicaron. Las tiendas de los hombres ya no eran humildes y pequeñas sino grandes y ricamente decoradas, como aquella tienda que existió una vez en el fondo del lago. La penuria de los años pasados quedó olvidada desde que los Perros Espíritu, los caballos, llegaron a la Gran Llanura, desde que transportaron a los hombres sobre su lomo y arrastraron pacientemente cualquier carga.

La pequeña cazadora

En el país del sudoeste, donde el sol calienta con fuerza pero donde, en invierno, también cae la nieve de vez en cuando y puede hacer mucho frío, existe una montaña de pizarra tremendamente escarpada. Es el hogar de los Dioses de la Montaña, dos hermanos que tienen el poder de convocar a las nubes y de traer la lluvia que da la vida. Se dice que los hermanos pueden adoptar muchas formas diferentes. Tan pronto pueden mostrarse bajo la apariencia de terroríficos espíritus como también de hermosos y jóvenes guerreros.

En la antigüedad vivían no lejos de esa montaña dos hermanos, un chico y una chica. Como sus padres habían muerto hacía mucho tiempo, convivían con sus abuelos que se ocupaban de ellos.

Pasaron los años. El muchacho y la muchacha crecieron y ahora eran ellos quienes se ocupaban de sus abuelos, pues se habían hecho muy mayores. El muchacho salía a cazar conejos; la muchacha plantaba maíz, calabazas y habichuelas en uno de los pequeños campos del pueblo.

Siempre que tenía tiempo, la hermana acompañaba a su hermano en la caza. Le habría gustado mucho hacerlo por sí misma, pero el hermano no quería ni oír hablar de ello ya que los Dioses de la Montaña sólo habían autorizado a los hombres a cazar conejos, no a las mujeres. Pero como ella mostraba tanta afición, su hermano la llamaba de broma Pequeña Cazadora. Muy pronto todos los habitantes del pueblo la llamaron por ese nombre.

Una vez, en pleno invierno, el hermano se puso enfermo y no pudo salir a cazar. El verano había sido inusualmente seco y la hermana había recogido pocos frutos de su cosecha. Día a día disminuían las provisiones de maíz, habichuelas y calabazas.

“Muy pronto no tendremos nada que comer”, pensó la muchacha, “¡y mi hermano está cada vez más débil! Ni tan siquiera puedo prepararle un sustancioso caldo de carne que le devuelva la salud y la fuerza. Tendré que pedir a los jóvenes que me den algo de su caza”.

Al anochecer, la Pequeña Cazadora se encaminó a la plaza del pueblo y esperó a que los jóvenes volvieran de la caza. Algunos habían matado muchos conejos, otros no tantos, pero todos habían tenido éxito.

—¡Dadme un conejo! —rogó la Pequeña Cazadora.

Ninguno de los jóvenes escuchó su ruego. Estaban tan contentos que reían y bromeaban sin darse cuenta de que allí había alguien que necesitaba ayuda.

Al día siguiente, al anochecer, ocurrió exactamente lo mismo. Todos pasaron ante ella sin prestarle atención.

—No me escuchan —les dijo la Pequeña Cazadora a sus abuelos—. ¿Quizás es que no quieren darme nada? ¿Qué debo hacer? Lo mejor sería que yo misma saliera a cazar.

—¡No, no debes hacer eso! —exclamó la abuela.

—Los Dioses de la Montaña lo han prohibido —dijo el abuelo—. ¿Es que lo has olvidado, nieta?

—No lo he olvidado —dijo la Pequeña Cazadora—. Pero tú eres mayor, abuelo, y ya no puedes ir a cazar, y mi hermano está enfermo y débil. Seguro que los Dioses de la Montaña no quieren que pasemos hambre solamente porque yo soy una mujer.

La Pequeña Cazadora se envolvió en su cálido abrigo y se puso el calzado de piel que su abuelo había cosido para ella y que le llegaba hasta la rodilla. Después tomó los venablos de su hermano y se los metió en el cinturón.

—No tengáis miedo —les dijo a sus abuelos—. Volveré al anochecer.

Aquel día ninguno de los jóvenes fue de caza. En la jornada anterior habían llevado a casa suficiente carne y se habían tomado un día de descanso. La Pequeña Cazadora salió del pueblo y se encaminó hacia la Montaña como tantas veces había hecho con su hermano. Esta vez iba sola. Una fina capa de nieve cubría

el suelo. Todos los animales, desde el ratón más pequeño hasta el coyote, habían dejado huellas visibles, de manera que resultaba fácil encontrar el mejor lugar de caza.

En los cañones, al pie de la Montaña de Pizarra, entre bloques de rocas y arbustos de enebro, había muchas madrigueras de conejos y

por todas partes se veían innumerables huellas cruzándose unas sobre otras. Las Pequeña Cazadora siguió uno tras otro los conejos cazándolos con sus venablos. Con cada dardo decía, como su hermano siempre lo había hecho:

—Perdóname. Estamos hambrientos y necesitamos alimento.

En lo alto de la Montaña de Pizarra estaban los Dioses, que veían todo lo que ocurría en la Tierra.

—¿Quién está cazando allí abajo? —preguntó el primero de los hermanos—. ¿No es una mujer?

—Sí —dijo el segundo hermano—, es una muchacha.

—¡Una muchacha! —rugió el primer hermano—. No podemos permitirlo.

Los Dioses de la Montaña llamaron a las Nubes de la Nieve. En un instante se aproximó un frente de nubes oscuras, envolvió la Montaña y descendió a la llanura.

Tan ocupada estaba cazando que la pequeña Cazadora no se dio cuenta de cómo se había oscurecido el cielo. La nevada la sorprendió en uno de los cañones. A toda prisa ató los conejos abatidos con un cordel y quiso volver al pueblo a través de la cada vez más espesa nevada.

Desde lo alto de la Montaña, los hermanos llamaron al Viento que inmediatamente se puso en marcha y comenzó a bramar entre gargantas y cañones. En aquella ventisca, con tanta nieve arremolinándose ante ella, la Pequeña Cazadora estaba como ciega. Perdió el sentido de la orientación y vagó sin rumbo intentando en vano encontrar una salida. Cuando creyó que ya no podría continuar, le pareció ver entre la ventisca una débil luz. Haciendo un último esfuerzo se dirigió hacia ella y llegó a una cueva. En su interior brillaba el rescoldo de una hoguera. Posiblemente cazadores de otros pueblos se habían calentado allí antes de emprender el camino de vuelta a casa. Había incluso una pequeña provisión de leña.

La Pequeña Cazadora entró en la cueva, se quitó el abrigo y sacudió la nieve que lo cubría. Después puso leña sobre la hoguera y sopló las brasas hasta que las llamas se alzaron de nuevo lamiendo las ramas. Muy pronto la temperatura en la cueva era agradablemente cálida. A la Pequeña Cazadora se le cerraron los ojos, se tumbó junto al fuego y casi se había dormido cuando, entre los aullidos del viento, creyó oír unos gritos. Se incorporó y escuchó. Sí, en alguna parte en el inhóspito exterior había alguien gritando como si necesitara ayuda. "Alguien se ha perdido, como yo", pensó la Pequeña Cazadora. Se acercó a la entrada de la cueva y gritó:

—¡Por aquí! ¡Aquí hay una cueva! Ven y caliéntate en mi hoguera.

Pero quien se había perdido en la ventisca no era un cazador confundido sino un malvado demonio, un monstruo devorador de hombres Iba en busca de una víctima y para ello había imitado perfectamente una voz humana.

—¿Ves lo que yo veo? —preguntó el primer hermano en lo alto de la Montaña.

—Sí, lo veo —respondió el segundo hermano.

El viento se aplacó y la nieve dejó de caer. En la penumbra del atardecer, la Pequeña Cazadora vio una gigantesca figura, tan espantosa

que pensó que se le iba a parar el corazón. El monstruo subía a trompicones hacia la cueva y blandía un pesado garrote.

—¿Me has llamado? —rugió—. ¡Enseguida estoy contigo! Tengo mucha hambre y tú eres el bocado perfecto.

La Pequeña Cazadora huyó hacia el interior de la cueva. A pesar de lo grande que era su miedo, se obligó a estar tranquila y desató el cordel con el que había anudado los conejos.

Una sombra oscura cayó sobre la entrada de la cueva.

—¡Espera! —gritó la Pequeña Cazadora—. Si tienes hambre, tengo algo para ti.

Tomó uno de los conejos y lo tiró fuera de la cueva. El monstruo rechinó los dientes y se tragó el conejo con piel y pelo.

—¡Vaya un bocado más diminuto! —gruñó—. ¿No tienes más?

La Pequeña Cazadora lanzó al monstruo, uno tras otro, todos los conejos que había cazado. Cuando ya no quedaba ni uno, cuando el monstruo se hubo tragado el último conejo, cogió una de las ramas encendidas. Aunque sabía que no tenía nada que hacer, no quería rendirse sin pelear. Pensó en sus abuelos y en su hermano enfermo.

—No los volveré a ver nunca más —se dijo—. ¿Quién plantará maíz para ellos, y habichuelas y calabazas?

—Esa muchacha es valiente —dijo en lo alto de la Montaña el primer hermano.

—Pero no le servirá de nada... —respondió el segundo hermano, como si sintiera lástima.

Abajo, en el cañón, el monstruo quería entrar en la cueva, pero no lo conseguía porque la entrada era demasiado pequeña para él, tan lleno de conejos como estaba.

—¡Esto lo soluciono yo enseguida! —rezongó.

Levantó el garrote, lo dejó caer con todas sus fuerzas contra las rocas y comenzó a abrir a golpes la entrada de la cueva. Los golpes resonaban con fuerza en el cañón.

—Hermano —dijo el primero de los Dioses de la Montaña—, ¿estás pensando lo mismo que yo?

—Sí, pienso lo mismo.

Los dos hermanos se transformaron en unos terroríficos espíritus, salieron como rayos de la cima de la montaña y llegaron al cañón justo en el momento en que el monstruo derribaba la última piedrecita de la entrada y se disponía a irrumpir en la cueva por el hueco que había abierto. Tan horrorosa era la visión de los Dioses transformados que el monstruo huyó dando alaridos, se precipitó en una de las gargantas y no se le volvió a ver nunca más.

—¡Sal de la cueva! —ordenaron los Dioses a la muchacha.

La Pequeña Cazadora obedeció. De nuevo le pareció que se le iba a parar el corazón cuando vio a los Dioses de la Montaña ante ella, pero hizo acopio de todo su valor y no demostró su miedo.

—¿Sabes quiénes somos? —preguntaron los Dioses de la Montaña.

—Sí —dijo la Pequeña Cazadora—. Lo sé.

—¿Acaso no hemos prohibido que las mujeres cacen conejos?

—Lo habéis prohibido —reconoció la Pequeña Cazadora.

—Entonces, ¿por qué nos desobedeces?

—Mis abuelos son mayores —respondió la Pequeña Cazadora—. El abuelo ya no puede salir de caza y mi hermano está enfermo. No tenemos suficiente para comer. Yo no puedo soportar ver cómo mis abuelos pasan hambre ni a mi hermano cada vez más débil. Por eso he ido a cazar conejos.

—Hermano —dijo el primero de los Dioses de la Montaña—, ¿qué es más importante: acatar una orden o ayudar a otros?

—Ayudar a otros —respondió el segundo hermano.

En ese mismo instante, los Dioses de la Montaña se transformaron adoptando la forma de jóvenes y apuestos guerreros.

—El monstruo se ha tragado tus conejos —dijo el primer hermano—, pero no volverás a casa con las manos vacías.

—Cazaremos para ti —dijo el segundo hermano—. ¡Espéranos!

Se había hecho de noche. Todas las nubes se habían retirado. La nieve relucía a la luz de las estrellas. La Pequeña Cazadora se sentó ante la cueva y esperó.

No tuvo que esperar mucho. Al cabo de poco tiempo, tan poco que a ella le pareció que acababan de marcharse, volvieron los Dioses de la Montaña con los conejos muertos.

Antes de que la Pequeña Cazadora pudiera darles las gracias, los Dioses de la Montaña ya habían desaparecido. La Pequeña Cazadora sujetó los conejos con el cordel y recorrió el camino de vuelta al pueblo bajo el oscuro cielo estrellado.

Durante todo el invierno la Pequeña Cazadora cuidó de sus abuelos y de su hermano. En primavera, cuando el hermano ya estaba otra vez fuerte y sano, ella lo acompañó el primer día que salió de caza. Se detuvo a los pies de la Montaña de Pizarra y levantando las manos dio las gracias a los Dioses de la Montaña.

Y mientras hacía esto, apareció en el cielo una nube que dejó caer algunas gotas sobre ella.

Entonces la Pequeña Cazadora supo que los Dioses de la Montaña habían escuchado su agradecimiento.

De cómo el zorro y un muchacho llevaron el fuego a los hombres

Cuando los hombres llegaron a la Tierra, no conocían el fuego. Ni tan siquiera sabían que les faltaba algo. La estación calurosa se prolongó durante mucho tiempo. En las horas diurnas lucía el sol y por las noches el aire era templado y suave. Pero, de repente, llegó el invierno. Heladas tormentas barrieron el país. La nieve cubría la tierra y los ríos y lagos se helaron. En lo alto del gélido cielo invernal estaba el sol que ya no daba calor.

Los hombres se envolvían en pieles de animales y se amontonaban unos junto a otros en sus cabañas. Los ancianos y los niños muy pequeños sufrían el intenso frío con especial rigor, y muchos de ellos murieron.

En aquel entonces vivía en uno de los poblados indios un niño pequeño que amaba profundamente a sus abuelos. Cuando en una de las heladoras noches dos personas más murieron por el frío, el jefe del poblado convocó a hombres y mujeres a una reunión.

—He oído que existe algo que serviría para calentarnos —dijo el jefe—. Esa cosa se llama fuego.

—¿Fuego? —exclamaron los jóvenes—. ¿Dónde está? ¿Cómo podemos encontrarlo?

—En algún lugar que nadie conoce existe una cueva —dijo el jefe—. Allí se encuentra el fuego. Se cuenta que la Mujer del Fuego y sus dos hijas lo guardan y que matan a todo el que quiera quitárselo. Es posible que aquél que vaya en busca del fuego no vuelva nunca más junto a nosotros. Es una misión peligrosa, pero si nadie se atreve moriremos todos. ¿Quién está dispuesto?

Los hombres del poblado se miraron entre sí. Ninguno se decidía a ir en busca del fuego.

—¿Qué sentido tiene ese viaje? —se preguntaban—. No sabemos dónde está la cueva. Y, si la encontramos, la Mujer del Fuego nos matará. ¿No es mejor que nos quedemos todos aquí? Tarde o temprano volverá el calor.

El muchacho estaba sentado detrás de los reunidos y pensaba en sus abuelos, que cada día estaban más débiles. "Si nadie trae el fuego, morirán de frío", se dijo el muchacho llorando.

Entonces sintió que un hocico húmedo le tocaba. Era el zorro, que sabía muchas cosas que los hombres ignoraban. Había salido de los bosques porque sentía lástima por los ateridos habitantes del poblado.

—¿No quieres ayudar a tus abuelos? —le preguntó el zorro al muchacho.

—Sí que quiero —respondió el muchacho.

—Entonces levántate y di que irás a buscar el fuego.

—¿Cómo podré hacerlo? ¡Ni siquiera los hombres más valientes del poblado se atreven!

—Podrás con tan sólo desearlo —dijo el zorro—. Además no estarás solo: yo te ayudaré.

El muchacho se puso en pie y dijo ante todos:

—¡Yo iré y traeré el fuego!

—Un niño pequeño como tú no encontrará jamás el camino hasta la cueva —respondió el jefe. Después miró a su alrededor y exclamó—: ¿Quién irá en lugar de este chico a buscar el fuego?

Tampoco esta vez se ofreció nadie. Todos los hombres del pueblo sentían miedo ante el largo y desconocido camino, y ante la Mujer del Fuego y sus dos hijas.

—¡Yo iré! —propuso de nuevo el chico.

Antes de partir hizo una promesa a sus abuelos:

—Muy pronto ya no tendréis que pasar frío. Os traeré el fuego que os dará calor.

El muchacho se encaminó hacia el bosque en donde ya le esperaba el zorro.

—Reúne un buen montón de leña —le ordenó el zorro—. El fuego necesita madera seca para arder.

El muchacho recogió leña hasta que el zorro le dijo:

—El haz ya es bastante grande. Y ahora camina siempre en línea recta. No debes dejar de caminar nunca. Si te sientas a descansar con este frío te quedarás dormido y morirás congelado.

El niño comenzó a caminar, siempre en línea recta. Al principio le resultó fácil y avanzó rápidamente. Al cabo de algún tiempo se sintió cansado y deseó con toda su alma

sentarse y descansar un rato. Cada vez que se quería parar, el zorro le mordía los talones.

—¡Corre, hermanito, corre! —exclamaba el zorro.

Y el muchacho seguía, cruzaba bosques, subía colinas y recorría valles hasta que, finalmente, sus piernas no le aguantaron más y cayó rendido sobre la nieve.

—No puedo más —dijo sin fuerzas.

—No importa —respondió el zorro—; ya no estás lejos. ¿Ves aquel río? Ese río pasa por delante de la cueva. Aquí tienes cuatro ramas, ni muy largas ni muy cortas, ni muy gruesas ni muy finas. Escóndelas en tu chaqueta. Cuando llegues a la cueva, tendrás que esperar a que se duerman la Mujer del Fuego y sus dos hijas. Después prende la primera rama. Apaga la hoguera con los pies, hasta que no quede ni una sola brasa encendida y vuelve a mi lado corriendo.

El chico metió las cuatro ramas en su chaqueta de pieles.

—Haré como me has dicho —le dijo al zorro—. Pero, ¿cómo entraré en la cueva? ¿No me matará la Mujer del Fuego?

—Precisamente tenemos que ser más listos que ella —respondió el zorro—. ¡Conviértete en un conejo!

—¡No puedo hacer eso! —alegó el muchacho.

—Puedes, si quieres —dijo el zorro—. ¡Vamos, conviértete en un conejo!

Entonces el muchacho deseó con todas sus fuerzas convertirse en un conejo y... ¡de pronto era un conejo de largas orejas y suave y blanco pelaje!

—Los zorros siempre cazamos conejos y todos los conejos huyen de nosotros —dijo el zorro—. ¡Y eso es lo que vamos a hacer ahora!

El conejo intentó librarse del zorro corriendo de aquí para allá, pero el zorro no se dejaba engañar y lo condujo hacia el río. Acorralado, el conejo cayó al agua que estaba casi helada. Movía desesperado las cuatro patas, pero no le servía de nada. Su piel mojada le resultaba tan pesada que pensó que se iba a ahogar.

Delante de la cueva de la Mujer del Fuego estaban sus dos hijas.

—¡Un conejo! —exclamó la hermana menor—. El pobrecito se ha caído al río...

—Se ahogará —dijo la hermana mayor—. No podemos hacer nada.

—Sí, sí que podemos —dijo la hermana pequeña rescatando al conejo del agua.

Lo estrechó entre sus brazos y sintió cómo la pobre y mojada criatura tiritaba de frío.

—Tengo que llevarlo junto al fuego para que se caliente —dijo la hermana pequeña— o morirá de frío.

—No puedes hacer eso —respondió la hermana mayor—: Nuestra madre nos ha prohibido que llevemos a alguien a la cueva.

—Pero un conejo no nos va a robar el fuego... —argumentó la hermana menor.

Entró en la cueva y se sentó junto a la hoguera con el conejo en los brazos. Las llamas rojas y amarillas bailaban, el fuego crepitaba alegremente. El chico, que ahora era un conejo, sintió calor, mucho calor.

—¿Es que no os había prohibido que trajerais a nadie a la cueva? —inquirió enfadada la Mujer del Fuego.

—Es sólo un conejo... —respondió la hermana menor—. ¡Mire, madre, qué bonito es con su pelo blanco y las orejas tan largas!

Llegó la noche. En el exterior reinaba la oscuridad, pero en la cueva el fuego daba luz y calor.

—¡Permaneced despiertas y cuidad el fuego! —ordenó la Mujer del Fuego a sus hijas antes de acostarse y dormirse.

—¡Cuida tú del fuego! —le dijo la hermana mayor a la pequeña—. Yo estoy cansada y quiero irme a dormir.

Así pues, ya sólo quedaba despierta la hermana pequeña. El chico convertido en conejo comenzó a tararear muy bajito una nana. La hermana pequeña empezó a adormecerse. Se le cerraban los ojos y no tardó en caer en un profundo sueño.

Entonces, el conejo saltó de sus brazos y se transformó nuevamente en un chico. Tomó una de las ramas de entre sus ropas y la encendió en la hoguera. Cuando la rama prendió, el muchacho apagó el fuego a pisotones, tal y como le había encargado el zorro, hasta que no quedó ni una sola brasa. Después se deslizó al exterior de la cueva y corrió a lo largo de la orilla. La hermana pequeña se despertó, vio lo ocurrido y salió en persecución del conejo.

—¿Por qué has hecho eso? —exclamó la muchacha—. Te he salvado del río cuando eras un conejo a punto de ahogarse, te he calentado en nuestro fuego y ahora nos lo robas. ¿Es así como me lo agradeces?

"Ahora comprendo por qué el zorro me dio cuatro ramas", pensó el chico. Prendió la segunda rama y lanzó la primera a la hermana menor.

—Toma el fuego y llévalo a tu cueva —gritó el chico—. Me has salvado del río y me has dado calor. Por ello te estoy agradecido, pero las personas de mi poblado necesitan el fuego porque sin él morirán congelados.

—Si eso es así, llévaselo —dijo la hermana menor, y recogiendo la rama prendida, volvió a la cueva.

La hermana mayor y la Mujer del Fuego también se habían despertado y perseguían al muchacho. De nuevo prendió las ramas y se las tiró.

—¡Llevad el fuego a vuestra cueva! —gritó y continuó corriendo.

El zorro le estaba esperando.

—Lo has hecho muy bien —lo alabó el zorro—. ¡Ahora corre de vuelta a tu poblado lo más rápido que puedas!

El chico corrió con la cuarta rama prendida en la mano. Atravesó bosques, subió colinas y recorrió valles. Cuando ya estaba cerca de los suyos, las piernas se negaron a continuar sosteniéndole. Cayó rendido en la nieve.

La rama casi se había consumido por completo: tan sólo quedaba un pequeño trocito con una débil llama. El zorro cogió el trocito y corrió hacia el montón de leña que antes habían apilado. En el último momento, justo antes de que el fuego se extinguiera, el zorro consiguió prender la leña seca. Las llamas se levantaron crepitando y chisporroteando. Muy pronto ardía todo el montón. Cuando los habitantes del poblado vieron el resplandor y oyeron el crepitar del fuego, no se explicaban qué fenómeno estaba ocurriendo. Se acercaron corriendo y se agolparon alrededor del fuego. Comenzaron a sentir calor, mucho calor. Alrededor del montón de leña se derretía la nieve.

—Ahora ya tenéis el fuego —dijo el zorro—. ¡Cuidadlo bien! Mientras arda en vuestras cabañas nadie volverá a morir de frío aunque en el exterior hiele.

Antes de que el niño o cualquiera de los otros pudieran darle las gracias, el zorro desapareció en la espesura del bosque.

Los hombres, las mujeres y los niños prendieron ramas y volvieron al poblado. En todas las cabañas ardía ahora un acogedor fuego. Los abuelos del niño no volvieron a pasar frío.

De todas partes, de todos los poblados, vinieron los habitantes a llevarse el fuego. Y en todo el país se comentó la historia del zorro y del niño. Sin embargo, aunque la buscaron, ninguna persona pudo encontrar el camino que lleva a la cueva de la Mujer del Fuego y de sus hijas.

La hermana pequeña y el gigante de piedra

Hace mucho, mucho tiempo vivía en el país de los grandes bosques una muchacha que tenía tres hermanos mayores. Todos juntos pasaban el invierno en el pueblo de Sippe. Pero en verano, tan pronto como se derretía la nieve, abandonaban el pueblo y se dirigían a lo más profundo de los bosques, en donde la caza era muy abundante.

En un claro del bosque construían con troncos, ramas y lianas una cabaña y no volvían al pueblo hasta que comenzaba el otoño.

Cada mañana, día tras día, iban los hermanos de caza. Cuando al anochecer volvían a casa, su hermana pequeña ya les había preparado la cena. Después de cenar opíparamente, se sentaban alrededor del fuego y los tres hermanos contaban lo que habían hecho durante el día.

Nadie sabía escucharles tan bien como su hermanita, pensaban los tres hermanos, y nada les gustaba más que contar sus aventuras de cazadores. Si alguna vez no tenían nada emocionante que contar, se imaginaban historias con las que poder presumir.

—No vais a creer lo que me ha ocurrido hoy —contó una noche el hermano mayor—. Estaba siguiendo el rastro de un alce tan grande que sus astas llegaban a la copa de los árboles. Cualquier otro cazador ha-

bría salido huyendo. Sin embargo, yo permanecí muy tranquilo y tensé el arco.

—¿Mataste el alce? —preguntó el segundo hermano.

—No —dijo el hermano mayor—. ¿Para qué? Cuando lo miré más detenidamente, vi lo viejo que era. Su pelaje estaba raído, así que le dejé vivir.

—A mí me ha pasado lo mismo —dijo el segundo hermano—. Sólo que no era un alce, sino una osa, la más grande que he visto nunca. Cualquiera habría tenido miedo, pero yo no.

—¿La mataste? —preguntó el más joven de los hermanos.

—No —dijo el segundo hermano—. ¿Para qué? Debía de ser viejísima y la carne de osa vieja es dura. A nuestra hermanita no le habría gustado. Dejé vivir a la osa y en su lugar cacé un par de conejos.

—¡Escuchad lo que me sucedió a mí! —dijo el más joven de los hermanos, que no quería quedarse atrás—. Seguí el rastro de dos ciervos: estaban el uno junto al otro y yo los maté a los dos... ¡con una sola flecha!

—Pero solamente has traído uno... —dijo el hermano mayor—. ¿Dónde está el otro?

—Lo dejé en el bosque —respondió el hermano más joven—. Entre la espesura había un lobo que parecía hambriento. Seguro que no había tenido suerte cazando. ¿Por qué no dejar que comiera hasta saciarse si nosotros ya teníamos suficiente carne?

—¿Y qué has hecho tú durante todo el día? —le preguntaron después los hermanos a su hermanita.

—Nada especial —respondió ella como de costumbre—. He buscado raíces comestibles, he recogido bayas y leña para el fuego y he preparado la comida para nosotros.

Una noche a principios de verano los tres hermanos volvieron muy alterados de cazar. No contaron ninguna historia sino que se sentaron en silencio frente al fuego. En el puchero hervía una sopa de carne pero ninguno de ellos parecía tener apetito.

Por fin el mayor de todos dijo en voz muy baja, como si no se atreviera a hablar alto:

—Arriba, en las colinas, he descubierto una huella. Se parecía a la huella de un ser humano pero era gigantesca. Ninguna persona puede ser tan grande.

—Yo también he visto una huella así abajo en el valle —dijo el segundo hermano también en voz baja.

Y el hermano más joven susurró:

—¡Yo la he visto en un claro del bosque!

El fuego se consumía en el hogar y las sombras llenaban la cabaña. La hermanita echó leña sobre las brasas y las llamas se elevaron de nuevo llenando las paredes de la cabaña de sombras danzarinas.

—Hermanos —dijo el mayor—, una huella como la que me pareció ver a mí no puede ser de verdad. El sol ya se había puesto cuando la descubrí. En el crepúsculo todo se ve distinto, es fácil equivocarse. ¡Seguro que no era más que una huella de oso!

—Pues claro —dijo el segundo hermano—, en la penumbra uno cree ver las cosas más extraordinarias. Si lo pienso bien, lo que yo vi también eran las huellas de un gran oso.

—Solamente ha podido ser eso... —dijo el hermano más joven.

—¡Nos hemos llevado un buen susto por nada! —comentó sonriendo el hermano mayor.

—Sí —acordaron los otros dos—. ¡No era más que un oso!

Después disfrutaron de la comida, se echaron sobre sus lechos de pieles y se durmieron. Sólo la hermana pequeña permaneció despierta, sentada junto al fuego, contemplando las brasas. Ella también había visto la misteriosa huella y bastante cerca

de la cabaña. ¡Y ninguna huella de oso era tan grande!

Como la hermana pequeña estaba siempre atenta a las historias que se contaban en el pueblo, sabía que solamente podía tratarse de la huella de un Gigante de Piedra. Los Gigantes de Piedra eran unos monstruos que vivían en el norte y comían carne humana. A veces, así se contaba, alguno de ellos venía al País de los Bosques y ni tan siquiera los hombres más fuertes se atrevían a cruzarse en su camino.

"Ya sé lo que tengo que hacer...", pensó la hermana pequeña.

A la mañana siguiente, los hermanos salieron de la cabaña para ir de caza. Todavía reían y bromeaban acerca del miedo que les había dado una simple huella de oso.

Aquel día la hermana pequeña no se dedicó a buscar bayas, raíces y leña. Tan pronto como se marcharon sus hermanos, abrió de par en par la puerta de la cabaña, hecha de madera de abedul, y cubrió el suelo del interior con pieles de osos. Después puso el puchero al fuego y preparó una sopa de trozos de carne, bayas y hierbas aromáticas.

Cuando todo estuvo hecho, la hermana pequeña se sentó junto al fuego, escuchó y esperó. La espera no fue muy larga. Muy pronto oyó ruido de pasos, grandes y pesados pasos. La tierra temblaba y las paredes de la cabaña se movían.

La hermana pequeña permaneció sentada, en silencio y sin moverse. Los pasos se acercaban cada vez más y se detuvieron ante la cabaña. A través de la puerta abierta pudo ver la sombra de alguien que tenía que ser gigantesco. Entonces, la chiquilla comenzó a hablar:

—Abuelo, ¡qué bien que hayas venido a nuestra casa!

El Gigante de Piedra introdujo su gran cabeza con su pelo todo enmarañado a través de la puerta. Era espantoso contemplar su horrible boca, sus dientes separados y los ojos saltones. Pero si la hermana pequeña sentía miedo, no lo dejó ver.

—Entra y siéntate conmigo, abuelo —le propuso al Gigante aparentemente muy tranquila.

El Gigante de Piedra la miró aturdido.

—¿Qué has dicho? —gruñó—. ¿Me has llamado abuelo?

—Eso he dicho —respondió ella—. ¿No sabes que soy tu nieta?

—No —balbució el Gigante de Piedra—. ¡No lo sabía!

—Ahora ya lo sabes —continuó explicando la hermana pequeña—. Me alegro de que estés aquí. He preparado un buen caldo de carne para ti.

El Gigante de Piedra olfateó el aire. Un delicioso aroma le llegaba a la nariz.

—En realidad, yo quería comerte a ti —rezongó el Gigante—, pero si eres mi nieta no te puedo comer...

—No, no puedes —dijo la chiquilla muy sonriente—. Toma un poco de sopa y disfrútala.

El Gigante de Piedra pasó los hombros y los brazos por la puerta, levantó el puchero con sus enormes manazas y se lo bebió todo, hasta dejarlo vacío.

—Está bueno, pero no me ha llenado.

Y mientras decía esto, el Gigante de Piedra miraba ansiosamente a la hermana pequeña como si estuviera deseando tragársela igual que la sopa. Si la hermana pequeña tuvo miedo, tampoco lo dejó ver esta vez.

—Abuelo, después de caminar tanto estarás cansado. He dispuesto un lecho de pieles de osos para ti. Acuéstate y descansa...

El Gigante de Piedra pasó el enorme corpachón por la puerta y se tumbó sobre las pieles de osos.

—Nunca me había tumbado sobre algo tan blando —gruñó con satisfacción el Gigante de Piedra

mientras se acomodaba moviéndose de tal manera que a punto estuvo de tirar la cabaña abajo.

—¡Y ahora, duerme...! —le dijo la chiquilla—. Te vendrá bien.

—Sí —murmuró el Gigante de Piedra—, me vendrá bien. Estoy realmente cansado.

La hermana pequeña sonrió de nuevo, salió de la cabaña y se sentó ante ella. Al atardecer llegaron los tres hermanos. Antes de llegar ya estaban anunciando a su hermana pequeña lo bien que les había ido la caza.

—¡Yo he matado un ciervo, hermanita! —exclamó el mayor.

—¡Mira lo que traigo! —gritó el segundo levantando en el aire un par de conejos.

—¡Y yo he conseguido unos gansos bien gordos! —dijo el más joven.

Después le contaron dónde habían estado, cómo habían seguido el rastro de sus presas y cómo se habían deslizado para cazarlas. Finalmente preguntaron los hermanos:

—¿Y tú qué has hecho hoy, hermanita?

—Pues nada especial —respondió ella—. He preparado un caldo de carne y he invitado a comer a nuestro abuelo.

—¿Nuestro abuelo está aquí? —preguntaron los tres hermanos sorprendidos.

—Sí —dijo la hermana pequeña—. Está durmiendo en la cabaña porque, tras un viaje tan largo, estaba muy cansado. Voy a despertarlo ahora. Pero primero me tenéis que prometer que vais a saludarlo amablemente.

A los tres hermanos los sorprendió mucho aquel ruego.

—¿Por qué te lo tenemos que prometer? ¿Es que no saludamos siempre amablemente a nuestro abuelo?

—¡Pues hacedlo también en esta ocasión!

La chiquilla abrió la puerta de la casa gritando:

—¡Despierta, abuelo! Tus nietos han llegado y quieren saludarte.

En el interior de la cabaña se oyó un resoplido formidable. Las paredes se agitaron y al mismo tiempo el Gigante de Piedra sacó la cabeza por la puerta. Los tres hermanos pensaron que se les iba a parar el corazón, no podían mover ni un músculo y eran incapaces de articular palabra.

—¿Es que no vais a saludar a vuestro abuelo? —preguntó la hermana pequeña.

—Pre-precisamente es lo-lo que-que vamos a hacer... —tartamudearon los tres hermanos. Y haciendo acopio de todo su valor, añadieron—: Nos alegramos de que hayas venido, abuelo.

El Gigante de Piedra pasó los hombros y los brazos por el hueco de la puerta y se rascó la pelambrera.

—No sabía yo que tenía parientes... —dijo—. Ahora resulta que tengo una nieta y además tres nietos. ¡Quién lo hubiera dicho!

Sacó el resto del cuerpo por la puerta, se incorporó y se quedó allí de pie, en toda su enormidad, mirando fijamente a los tres hermanos. Y mientras los miraba se le iba poniendo una expresión golosa en los ojos.

—Abuelo, mira lo que te han traído tus nietos —dijo la hermana pequeña señalando el botín de caza.

—Mmmm... —dijo el Gigante de Piedra—. Ya veo que habéis tenido en cuenta que siempre estoy hambriento...

Primero se embutió los dos conejos en la boca y después los gordos gansos. Y para terminar engulló el ciervo, con cornamenta, piel y huesos.

—Pues no está nada mal esto de tener nietos... —comentó al tiempo que se frotaba satisfecho la barriga—. ¡Ahora sí que estoy lleno!

—Claro, tú estás lleno, pero nosotros no tenemos nada que comer... —comentó la hermana pequeña.

—Tendrías que haberlo dicho antes... —gruñó el Gigante de Piedra—. No importa, yo mismo iré a cazar para vosotros ¡Vuelvo enseguida!

El Gigante de Piedra salió disparado. Atravesó la espesura del bosque haciendo un ruido terrible. Si los árboles le estorbaban, simplemente los arrancaba. Los hermanos se quedaron mirando el espectáculo atónitos.

—¿No es un Gigante de Piedra? —susurraron.

—Sí —respondió la hermana pequeña—, es un Gigante de Piedra. Nos quería devorar pero ahora ya no lo hará.

Al cabo de poco tiempo el Gigante volvió con un alce muerto. Entre los hermanos asaron la carne en la hoguera y comieron hasta saciarse. Lo que sobró, que no era poco, se lo tragó el Gigante de Piedra. Al fin y al cabo, eso para él no era más que un bocadito.

A partir de aquel día, el Gigante de Piedra se quedó a vivir con los hermanos en el bosque. Todos juntos construyeron una cabaña lo suficientemente grande para él. Iba con ellos de caza y los tres hermanos fueron perdiendo paulatinamente el miedo. Con el tiempo les pareció que era su abuelo de verdad y se olvidaron de que era un monstruo. Además, nunca antes habían cazado tanto. En la cabaña se amontonaban las pieles. Los tres hermanos se alegraban pensando en la cantidad de carne seca que iban a compartir con los habitantes del poblado.

Pasó el verano y llegó el otoñó. Las noches eran frías y por las mañanas había escarcha en los prados del bosque. Las hojas de los árboles comenzaron a cambiar de color. Se acercaba el momento en que los hermanos tenían que volver al poblado.

Una de esas mañanas de otoño, el Gigante de Piedra no acompañó a los hermanos a cazar sino que se quedó con la hermana pequeña sentado ante la cabaña.

—Pronto tendremos que despedirnos —dijo el Gigante de Piedra.

—Así es, abuelo —respondió ella—. Te echaré de menos.

—Yo a ti también. Me gustaría mucho ir con vosotros pero la gente de vuestro poblado seguro que tendría miedo de mí. Y si veo de repente tantas personas juntas, quién sabe lo que podría ocurrir. Quizás podría olvidarme...

—¿No habrá ningún remedio? —preguntó la hermana pequeña.

—Quizás —dijo el Gigante de Piedra—. Lo intentaré pero no puedo prometer nada.

A la mañana siguiente el Gigante de Piedra pidió a los tres hermanos que encendieran una gran hoguera y que calentaran piedras en las brasas.

Después se sentó en la cabaña. Los hermanos hicieron rodar las piedras calientes al interior de la cabaña y les echaron agua por encima. Cuando el vapor comenzó a llenar la cabaña, salieron al exterior y cerraron la puerta con el Gigante dentro, como

les había ordenado él. Al cabo de un rato, el Gigante de Piedra gritó:

—¡Aún no hace suficiente calor!

Una y otra vez calentaron piedras los hermanos hasta que, por fin, oyeron desde dentro de la cabaña:

—¡Ya es suficiente!

La hermana pequeña y los tres hermanos se sentaron junto al fuego y esperaron durante mucho, mucho tiempo. En la cabaña no se oía ni un ruido. El vapor salía por las junturas de las paredes.

—¡Abuelo! —preguntó realmente preocupada la hermana pequeña—, ¿te encuentras bien?

—¡Mejor que nunca! —respondió una voz que ya no era áspera ni fuerte sino suave como la voz de un anciano—. ¡Abre la puerta, nieta!

Y al abrir la puerta, pudieron ver cómo por ella no salió el Gigante sino un anciano. Tenía el pelo blanco y un agradable rostro arrugado.

—¡Abuelo, te has convertido en una persona! —exclamó la hermana pequeña llena de regocijo.

—Sí —respondió el anciano—. Y ya sólo me queda una cosa por hacer.

Tosió y le salió una piedra grande por la boca.

—Tiradla al fuego y así seré una persona para siempre.

Los tres hermanos no se atrevían a tocar el corazón de piedra del Gigante pero la hermana pequeña lo cogió y lo tiró al fuego. En el calor de la hoguera el corazón de piedra estalló y, cuando se apagó el fuego, entre las cenizas no se encontró ni un pedacito de él.

Esa misma tarde de otoño la hermana pequeña y los tres hermanos salieron del bosque camino del poblado. Iban todos felices, pero sin duda el más feliz de todos era el Gigante de Piedra.

El niño salmón

Año tras año, siempre en la misma época, los salmones vuelven de su misterioso viaje por el mar a los ríos de donde son oriundos. Nadan corriente arriba, superando todos los obstáculos hacia los lugares de desove en las fuentes del río.

Hace mucho tiempo, año tras año, siempre en la misma época, los hombres de las tierras del noroeste esperaban, provistos de redes y arpones, el paso de los salmones. Tenían mucho cuidado en aprovechar bien cada pescado, sin desperdiciar nada. Los trozos que sobraban porque no los iban a comer inmediatamente los secaban al sol para tener provisiones para el invierno.

Sucedió en una ocasión que, meses después del paso de los salmones, en uno de los poblados indios de la costa se terminaron casi todas las provisiones. Los pocos salmones secos que les quedaban estaban arrugados y no resultaban muy apetitosos.

—Tengo hambre —le dijo un día un niño a su madre.

Pero todo lo que su madre podía darle era uno de aquellos pescados secos que quedaban.

—¡Yo no me como un salmón tan podrido como ése! —gritó el muchacho tirando el pescado sin contemplaciones—. ¡Prefiero cazar una gaviota!

Fue entonces a buscar su lazo, se lo ató a la muñeca y corrió a la orilla

del mar, en donde bandadas de gaviotas revoloteaban escandalizando con sus gritos. El chico buscó un cangrejo como cebo y lanzó la cuerda tres veces sin éxito. Las gaviotas no picaban. En el cuarto intento se acercó una gaviota gigantesca, cogió el cebo y, con un fuerte batir de alas, arrastró al muchacho al agua.

La cuerda que llevaba anudada a la muñeca estaba tan fuertemente prendida que no se la podía soltar. Por mucho que se resistía, no le servía de nada. La gigantesca gaviota le arrastró a mar abierto. El muchacho gritó pidiendo ayuda, pero en la orilla no había nadie del pueblo que escuchara sus gritos.

Por fin la gaviota soltó el cebo, ascendió volando y desapareció. El chico se encontró en medio del mar y apenas podía divisar la lejana costa. Trató de volver a nado, pero la corriente era demasiado fuerte y lo llevaba cada vez más lejos de la playa, hacia mar abierto. Al final estaba tan exhausto que no podía continuar nadando y se hundió hacia las inmensas profundidades.

Cuando el chico creía que iba a morir, apareció una canoa ocupada por unos seres muy extraños. Llevaban unas vestimentas que brillaban como las escamas de los peces y no se parecían a ninguna criatura que él hubiera visto antes.

—¡Eh, chico podrido! —exclamaron mientras le subían a la canoa—, ¡ven con nosotros!

El muchacho no lo sabía aún pero aquellos extraños seres eran espíritus de salmones que habían perdido la vida en el largo viaje hacia su lugar de nacimiento. Algunos habían muerto de agotamiento, otros habían servido de alimento a hombres, a osos o a aves.

Los espíritus de salmón llevaron al muchacho a su pueblo en el fondo del mar. Allí era todo igual que en tierra firme, sólo que el pueblo estaba rodeado de agua. Las cabañas se parecían a las cabañas de los indios y allí también crecían árboles y arbustos. El chico miró asombrado a su alrededor y pensó que quizá estaba soñando. Muchos de los extraordinarios seres con sus brillantes vestimentas se acercaron y lo saludaron amablemente.

Lo llevaron por todo el pueblo, de una cabaña a otra. Pronto perdió la timidez y, como no había comido nada desde que tiró el salmón podrido, estaba hambriento, así que buscó algo comestible con la mirada. Pero en ninguna de las cabañas vio provisiones.

—¿Te gusta estar aquí? —le preguntaron los espíritus de salmón.

—Sí, me gusta —respondió el chico—, ¡pero tengo tanta hambre...! ¿No tenéis nada para comer?

Las extrañas criaturas se echaron a reír.

—Sal del pueblo —le contestaron— y sigue todo recto hasta que te encuentres con uno de nosotros. Exígele que luche contigo. En cuanto consigas derribarlo en el suelo tendrás delante de ti algo que podrás comer. Enciende un fuego y come hasta que estés satisfecho. No desperdicies nada y arroja al fuego lo que no comas. Cuando vuelvas habrá una sorpresa esperándote.

El muchacho dio las gracias por el consejo y salió del pueblo. Después de caminar un rato se encontró con uno de los extraños seres.

—Chico podrido, ahora veremos quién es más fuerte, si tú o yo —dijo el espíritu de salmón.

En su pueblo el muchacho había medido sus fuerzas luchando más de una vez con otros chicos, pero este contrincante se le escurría una y otra vez: no podía atraparlo entre las manos ni sujetarlo ni un momento. En el mismo instante en que, por fin, consiguió tirarlo al suelo, desapareció. Delante del chico apareció un brillante salmón moteado.

El muchacho recogió leña y encendió una hoguera, tal como le habían indicado que hiciera. Después asó el salmón y se lo comió. Luego recogió todo lo que había sobrado de

la comida, lo arrojó al fuego y volvió al pueblo. Estaba deseando saber qué clase de sorpresa le esperaba. Pero, con las prisas, se había olvidado de un par de espinas que quedaron a medio quemar.

Cuando llegó al pueblo no podía dar crédito a sus ojos. Delante de una de las cabañas se encontraba la extraña criatura que había desaparecido después de la lucha o que se había convertido en un salmón. Estaba allí encogido, parecía sufrir grandes dolores y le miraba acusadoramente.

Entonces el muchacho se dio cuenta de lo que había sucedido y de lo que significaba todo aquello. Corrió a la hoguera, echó leña sobre las brasas humeantes, sopló hasta que se levantaron de nuevo las llamas y quemó las espinas que habían quedado tiradas. ¡Y esta vez no se dejó ni una! A mitad de camino hacia el pueblo le salió al encuentro el espíritu de salmón, sonriente y sin dolores.

—Chico podrido, ¿sabes ahora quiénes somos? —preguntó el espíritu.

—Sí, ahora ya lo sé —respondió el muchacho—. Y no olvidaré nunca lo que me habéis enseñado.

El muchacho se quedó en el fondo del mar, en el pueblo de los espíritus de salmón. Le hablaron de sus largas peregrinaciones y de todas las maravillas que habían vivido. Él no se cansaba de escuchar sus historias y sus canciones. Hasta comenzó a sentir y a pensar como ellos, y ya apenas se acordaba de sus padres y de su pueblo a orillas del mar.

Entonces llegó el día señalado. Los espíritus de salmón estaban expectantes y alegres y el chico también se sintió invadido por una curiosa inquietud. Todo juntos salieron del pueblo.

—¡Ya llegan! ¡Ya llegan! —gritaban los espíritus de salmón.

Había comenzado el paso de los salmones. Innumerables salmones llegaban del ancho mar y nadaban hacia los ríos de donde procedían.

El muchacho contempló los bancos de salmones al pasar, uno tras otro, en la luminosa agua azul. Hasta entonces no había pensado en sus padres ni en los habitantes del pueblo, pero en ese instante los recordó y deseó reunirse de nuevo con ellos. Deseó saber nadar como los salmones y marcharse con ellos. Lleno de ansiedad levantó los brazos. Entonces los brazos se transformaron en dos aletas y su cuerpo se cubrió de escamas. Así, pudo nadar ligero e ingrávido como los demás salmones.

Los salmones dejaron atrás el pueblo de los espíritus de salmón y continuaron nadando hasta llegar a la desembocadura del río. El chico, convertido en salmón, escuchó los chillidos de las gaviotas y también los gritos de los habitantes del pueblo que, con arpones y redes cosidas a largos palos, esperaban el paso de los salmones.

En una de las orillas estaba su madre. Cuando ésta echó la red, él saltó fuera del agua, tomó impulso en el aire y se dejó caer en las mallas.

—¡Mirad, mirad todos qué hermoso salmón he pescado! —exclamó su madre.

Pero cuando la mujer tomó con su mano el pez que había capturado, éste ya no era un salmón sino el hijo que había desaparecido hacía muchas semanas, y que tanto ella como todo el pueblo habían dado por muerto.

El Niño Salmón, como se llamó a partir de entonces, se convirtió en uno de los mejores pescadores del pueblo. Estaba agradecido a los salmones por calmar el hambre de las personas, cantaba canciones a sus padres y no desperdiciaba nada de lo que pescaba. Mantuvo siempre en su memoria todo lo que le habían enseñado los espíritus de salmón y no olvidó en su larga vida que él mismo había sido salmón una vez.

AGRADECIMIENTO
Agradezco a Joseph Bruchac, escritor y narrador abenaki, su larga amistad y la inspiración que ha supuesto para mí su arte narrativo.

FUENTES
El pueblo indio de Norteamérica posee un rico tesoro de historias. Sobre todo en invierno, cuando la naturaleza dormía, era el momento de los cuentos. Algunas de las historias hablan de sucesos históricos, otras enseñan que en la vida no tiene éxito únicamente el que es grande y fuerte. Los indios se sienten emparentados con los animales, y esto es algo que también se refleja en sus cuentos.

FLECHA Y LOS PERROS ESPÍRITU (Etnia de los pies negros)
Los pies negros, como los sioux/dakota, los cheyennes y otros pueblos de la pradera, eran originariamente sedentarios y plantaban maíz y calabazas. El caballo autóctono americano se extinguió y, ya en la edad moderna, fueron los españoles los que llevaron los caballos a Norteamérica en el siglo XVI. Al principio, el caballo posibilitó que los pueblos de la pradera dominaran las grandes extensiones de hierba al este de las Montañas Rocosas, las Great Plains (Grandes Llanuras). Surgió así una cultura de jinetes nómadas. Nuestra imagen habitual del pueblo indio se remonta a esos tiempos. Eran atrevidos jinetes y cazadores de búfalos, utilizaban tiendas trapezoidales y se engalanaban con vistosas plumas.

LA PEQUEÑA CAZADORA (Etnia de los pueblo o zuni)
Los indios pueblo del sudoeste de los Estados Unidos levantaban sus casas de más de un piso con ladrillos de adobe. La palabra pueblo es de origen español. Con incansable esfuerzo, y con ayuda de un sistema de conducción de agua desarrollado por ellos mismos, los indios pueblo consiguieron cultivar en pleno desierto maíz, calabaza, habichuelas y melones. Criaban pavos como animales domésticos pero no como alimento sino por sus hermosas plumas. Eran también unos hábiles ceramistas, tejedores y cesteros. La turquesa era para ellos una piedra sagrada.

DE CÓMO EL ZORRO Y UN MUCHACHO LLEVARON EL FUEGO A LOS HOMBRES y LA HERMANA PEQUEÑA Y EL GIGANTE DE PIEDRA

(Etnias penobscot, passamaquoddy y abenaki)

Los abenaki en la costa nordeste de los Estados Unidos vivían en poblados pero no eran sedentarios durante todo el año. Se movían en busca de caza o para cosechar frutos salvajes y además sembraban maíz, calabazas y habichuelas en pequeños campos.

Para ellos el abedul tenía casi el mismo significado sagrado que el bisonte para los indios de la llanura. Con la corteza de abedul fabricaban sus canoas y cubrían sus chozas. Sus recipientes, platos y cestos también se fabricaban con corteza de abedul.

El NIÑO SALMÓN (Etnia de los tlingit)

Como todos los pueblos de la costa noroeste del Pacífico, los tlingit trabajaban artísticamente la madera de cedro. Con ella construían casas y canoas muy decoradas, tallaban tótemes y máscaras, arcas y utensilios para comer. En cada tótem se representaban animales considerados como ancestros o espíritus protectores. Especialmente venerado era el salmón, uno de los alimentos principales de los tlingit. Aun hoy en día se consideran de gran valor sus tallas de madera.

Narrados siguiendo temas de antiguos cuentos de Norteamérica.

Fuentes:

—*La muchacha que se casó con la luna. Cuentos de la Norteamérica nativa*, narrados por Joseph Bruchac y Gayle Ross, Troll Medaillon, 1994.

—*El retorno del sol. Cuentos nativos americanos de los bosques del nordeste*, recopilación de Joseph Bruchac, The Crossing Press, Freedom, California, 1989.

—*Volando con el Águila, persiguiendo al Gran Oso. Historias de la Norteamérica nativa*, narradas por Joseph Bruchac, Troll Medaillo, 1993.

—*Cuentos populares zuni*, recopilación de Frank Hamilton Cushing, 1901, reeditados en The University of Arizona Press, Tucson, 1992.

—*Mitos y Leyendas indios*, seleccionados y editados por Richard Erdoes y Alfonso Ortiz, Pantheon Fairytales and Folclore Library, Pantheon Books, New York, 1984.

Dirección editorial: Raquel López Varela
Coordinación editorial: Ana María García Alonso
Maquetación: Cristina A. Rejas Manzanera
Título original: *Pfeiljunge und Geisterhunde*
Traducción: Elsa Alfonso Mory

PFEILJUNGE UND GEISTERHUNDE
by Käthe Recheis
Illustrations by Michael Ruppel

Carretera León-La Coruña, km. 5 - LEÓN
ISBN: 978-84-241-8078-2
Depósito Legal: LE. 228-2007
Printed in Spain - Impreso en España

EDITORIAL EVERGRÁFICAS, S. L.
Carretera León-La Coruña, km. 5
LEÓN (España)
Atención al cliente: 902 123 400
www.everest.es